BEI GRIN MACHT SICH IHR WISSEN BEZAHLT

- Wir veröffentlichen Ihre Hausarbeit, Bachelor- und Masterarbeit

- Ihr eigenes eBook und Buch - weltweit in allen wichtigen Shops

- Verdienen Sie an jedem Verkauf

Jetzt bei www.GRIN.com hochladen und kostenlos publizieren

Hilke Meyer

Ernährungsvorschriften im Buddhismus

GRIN Verlag

Bibliografische Information der Deutschen Nationalbibliothek:

Die Deutsche Bibliothek verzeichnet diese Publikation in der Deutschen Nationalbibliografie; detaillierte bibliografische Daten sind im Internet über http://dnb.d-nb.de/ abrufbar.

Dieses Werk sowie alle darin enthaltenen einzelnen Beiträge und Abbildungen sind urheberrechtlich geschützt. Jede Verwertung, die nicht ausdrücklich vom Urheberrechtsschutz zugelassen ist, bedarf der vorherigen Zustimmung des Verlages. Das gilt insbesondere für Vervielfältigungen, Bearbeitungen, Übersetzungen, Mikroverfilmungen, Auswertungen durch Datenbanken und für die Einspeicherung und Verarbeitung in elektronische Systeme. Alle Rechte, auch die des auszugsweisen Nachdrucks, der fotomechanischen Wiedergabe (einschließlich Mikrokopie) sowie der Auswertung durch Datenbanken oder ähnliche Einrichtungen, vorbehalten.

Impressum:

Copyright © 2013 GRIN Verlag GmbH
Druck und Bindung: Books on Demand GmbH, Norderstedt Germany
ISBN: 978-3-656-43798-7

Dieses Buch bei GRIN:

http://www.grin.com/de/e-book/215376/ernaehrungsvorschriften-im-buddhismus

GRIN - Your knowledge has value

Der GRIN Verlag publiziert seit 1998 wissenschaftliche Arbeiten von Studenten, Hochschullehrern und anderen Akademikern als eBook und gedrucktes Buch. Die Verlagswebsite www.grin.com ist die ideale Plattform zur Veröffentlichung von Hausarbeiten, Abschlussarbeiten, wissenschaftlichen Aufsätzen, Dissertationen und Fachbüchern.

Besuchen Sie uns im Internet:

http://www.grin.com/

http://www.facebook.com/grincom

http://www.twitter.com/grin_com

Georg – August – Universität Göttingen
Philosophische Fakultät
Religionswissenschaften
Seminar: *Buddhistische Traditionen Ostasiens und ihre Erforschung*

WiSe 12/13

Ernährungsvorschriften im Buddhismus

Hilke Meyer

Fächer: B.A Germanistik und Religionswissenschaften
Semester: 5

Inhalt

1. Einleitung 1

2. Fleischverzehr ja – Tiertötung: nein 1

3. Askese 3

4. Fleischtabus 5

5. Gesellschaftliche Auswirkungen 5

6. Buddhismus in der Gegenwart 6

7. Fazit 7

Literaturverzeichnis: 8

1. Einleitung

Eine der größten Vorurteile gegenüber dem buddhistischen Glauben, ist die Annahme, dass überzeugte Buddhisten und Ordensangehörige kein Fleisch verzehren. Der Vegetarismus gehört zur Tradition und ist eines der typischen Eigenschaften des chinesischen Buddhismus. Die Ordensregeln verbieten allerdings nicht Fleisch zu essen. [1]
Diese Arbeit beschäftigt sich mit dem Vegetarismus der Buddhisten und den verschiedenen Motivationen, auf Fleisch und Fisch zu verzichten. Darüber hinaus gibt sie einen Einblick in den gegenwärtigen Buddhismus, denn auch hier wird das Thema Fleischverzehr stark diskutiert.

2. Fleischverzehr ja – Tiertötung: nein.

Buddhisten, Nonnen und auch Laien verpflichteten sich dazu keine lebenden Wesen zu töten, somit auch keine Tiere. Eine fleischlose Ernährung hingegen ist nicht vorgeschrieben, somit isst die Mehrzahl der Buddhisten Fleisch und Fisch. Dies gilt zumindest für die Buddhisten aus den Gebieten Burma, Sri Lanka oder Thailand. Streng vegetarisch hingegen leben Mönche, Nonnen sowie Laien aus Taiwan.[2]
In den normierten Ordensregeln der Vinaya, die die Verhaltensvorschriften für Mönche und Nonnen enthalten, werden demnach keine Bedenken gegen den Verzehr von Fleisch und Fisch erbracht. In volkstümlichen Geschichten, die so genannten Jatakas, wird Fleisch sogar zu festlichen Anlässen serviert. Allerding gilt, zum Beispiel die Jagd im Königshaus, als unmoralisch, da sie Anlass zur direkten Tötung ist.[3]
Ein Vorläufer des Buddhismus sind die vedischen Religionen. Tieropfer waren hier von großer Bedeutung und auch das Fleisch wurde anschließend verzehrt. Vedische Inder aßen sogar Rindfleisch. Diese Religion fürchtete allerdings die Vorstellung, dass getötete Tiere sich im Jenseits rächen würden. Diese Annahme hatten sie ebenfalls bei Bäumen, Kräutern und Wasser. Die Anhänger der vedischen Religion wussten die Rache der getöteten Lebewesen jedoch durch Rituale wie – Wegsehen bei einer Tötung und vermeiden der Wörter die man in jenem Kontext gebraucht – zu vermeiden. Eine Frage die man sich stellen könnte wäre: Wie kann sich ein Anhänger dieser Religion ernähren ohne zu töten, wenn alles belebt

---

[1] Oliver Freiberger und Christoph Kleine: Buddhismus. Handbuch und kritische Einführung. Göttingen 2011, S. 476.
[2] Lambert Schmithausen: Essen ohne zu töten. Zur Frage von Fleischverzehr und Vegetarismus im Buddhismus. In: Die Religionen und das Essen, hrsg. Von Perry Schmidt-Leukel. München 2000, S. 144.
[3] Ebd.

ist? Zum Beispiel durch wildwachsende Wurzeln oder Früchte, sowie Raubtierbäutereste und Almosenspeisen. Wobei die „Speise-Reste-Lösung" nur dann funktioniert, wenn andere die Aufgabe des Tötens übernehmen. Der Buddhismus übernimmt aus diesen Ansätzen, dass Mönche und Nonnen von Speisen die andere zubereitet haben, leben sollen. Die buddhistische Praxis hat sich somit für einen deutlich lockereren Weg entschieden. Die Belebtheit und das Empfinden von Pflanzen werden verdrängt. [4]

Der Verzehr von Fleisch ist weiterhin „[...]an drei Bedingungen geknüpft, deren Erfüllung das Fleisch im Sinne des Ordenrechts als `rein` qualifiziert. Daher spricht man in der Sprache des Vinaya vom `dreifach reinen Fleisch`, dessen Verzehr unbedenklich ist".[5] Reines Fleisch ist jenes, bei dem der Mönch oder die Nonne, nicht gesehen, nicht gehört oder keinen Grund zur Annahme hat, dass das Fleisch von einem Tier stammt, welches explizit für ihn oder sie getötet wurde. Im Fokus steht demnach, die „Entkopplung von Verzehr und Tötung"[6], um der Rache der getöteten Tiere aus dem Jenseits zu entgehen. Wichtig für buddhistische Ordensangehörige ist die Vergewisserung, dass sie nicht der Grund für den Schmerz und letztlich den Tod des Tieres sind. Diese Regelung lässt sich jedoch im Prātimoksasūtra – hier handelt es sich um die älteste Schicht der Vinaya Schriften – nicht wieder finden. Aufgeführt wird hier lediglich, dass Mönche und Nonnen Fleisch nicht erbitten dürfen. Sollte das Fleisch hingegen aus den Resten eines Familienessens stammen, so muss es angenommen werden.[7]

Es bleibt festzuhalten, dass im früheren Buddhismus der Fleischverzehr, für Mönche und Nonnen grundsätzlich, nicht verboten war, solange sie durch ihren Verzerr nicht mitverantwortlich für die Tötung des Tieres waren. Auch die Frage danach, ob ein Mönch mitverantwortlich für den Tod eines Tieres ist, wenn er veranlasst, dass Fleisch für ihn gekauft wird, lässt sich mit einem „Nein" beantworten. Der Mönch hat bezüglich der Auswirkung die sein Konsum hat, keine Mitschuld am Tod des Tieres. In den Mahānsānghika – Texten zeigt sich allerdings eine Zurückhaltung auch in Bezug auf gekauftes Fleisch. In den verschiedenen Texten ließen sich weiterhin mehrere Motive feststellen, auf Grund dessen Buddhisten - obwohl kein ausdrückliches Verbot existiert – auf Fleisch verzichten.[8]

---

[4] Schmithausen: Essen ohne zu töten, S. 145.
[5] Freiberger/Kleine: Buddhismus, S. 146.
[6] Ebd.
[7] Ebd.
[8] Ebd.

3. Askese

Im Vordergrund steht, primär für Mönche und Nonnen, das asketische Motiv. Man sagt, Mönche und Nonnen, sollen so viel essen wie nötig ist, um ihren Körper am Leben zu erhalten. Ein Verbot, kein Fleisch zu essen, wird jedoch auch hier nicht ausgesprochen. Verboten ist lediglich Fisch und Fleisch ausdrücklich für sich selbst zu erbitten. Eine Ausnahme bildet hier der Krankheitsfall. Weiterhin dürfen Mönche auch keine feinen Speisen erbitten, weil sich dies für einen Asketen nicht ziemt. Die Enthaltsamkeit von Fleisch, Honig und Salz, ist nicht nur ein Ausdruck des Verzichts auf feine Speisen, es werden bewusst Nahrungsmittel vermieden, die als Begierde erweckend gelten. Sind den buddhistischen Mönchen der Konsum dieser Nahrungsmittel nicht untersagt, ist der Grund die Unterdrückung von Gelüsten, die in einigen Schulen nicht als erfolgsversprechend gelten.[9]

Der Buddha selbst hat eine vegetarische Lebensweise als asketische Option, die ein Mönch für eine Zeit der Askese wählen könnte, nicht erlaubt. In den Schriften des frühen Buddhismus wird das asketische Anliegen des Fleischverzichts geradezu als Entwürdigung empfunden. Weiterhin bringt man es mit dem bösen Vetter des Buddha in Verbindung. „Devadatte habe in seiner Boshaftigkeit fünf strengere asketische Regeln, darunter den total Fleischverzicht, für Mönche obligatorisch machen wollen[...]."[10] Dass Buddha dem Vegetarismus nicht zustimmte, lässt sich damit erklären, dass eine Propagierung des Fleischverzichts für die Mönche als Aufforderung gesehen werden könnte, bei Nahrung wählerisch zu werden. Weiterhin lässt sich das Verbot auch als Versuch spezieller buddhistischer Gruppen interpretieren, Tendenzen strengerer Askese, den andere Gruppen übten, zu unterbinden.[11]

Komplett gegensätzlich ist die Situation im Mahāyāna – Buddhismus; hier ist Fleischverzehr generell untersagt. Eine der Bodhisattva – Regeln, welche in dem für Ostasien lange Zeit geltenden Sūtra von Barahamas besagt:

> „dass wenn ein Schüler des Buddha absichtlich Fleisch isst, [obwohl] der Verzehr jeglichen Fleisches untersagt ist, dann zerstört er den Samen des Großen Mitgefühls, und alle [fühlenden] Lebewesen, die das sehen, werden sich von ihm abwenden. Daher ist es allen Bodhisattvas verboten, das Fleisch irgendwelcher [fühlender] Lebewesen zu essen. Essen sie es, laden sie unermessliche Schuld auf sich."[12]

---

[9] Schmithausen: Essen ohne zu töten, S. 145.
[10] Ebd.
[11] Freiberger/Kleine: Buddhismus, S. 476.
[12] Ebd.

Trotzdem wird der Verstoß gegen diese Regel aus juristischer Sicht, als ein leichtes Vergehen eingestuft.[13] Demnach ist im Mahāyāna – Buddhismus der Verzehr von Fleisch grundsätzlich verboten, was nicht heißt, dass alle Anhänger auf Fleisch verzichten. Trotzdem ist Vegetarismus in Ostasien, also in den Ländern, sie sich zum Mahāyāna – Buddhismus bekennen, ein Markenzeichen buddhistischer Ordensleute und engagierter Laienbuddhisten. Ebenfalls besteht Grund zur Annahme, dass die vegetarische Lebensweise ostasiatischer Mönche und Nonnen eine Folge der besonderen Umstände des buddhistischen Ordens in China war. Nicht nur Mahāyāna – Mönche priesen den Vegetarismus an, auch der Staat verlangte einen Fleischverzicht der Mönche und Nonnen. Grund war wohl die Hürde zum Eintritt in den oft als parasitär und unsozial betrachteten Orden, zu erhöhen.[14]

In Korea oder Japan, in denen die chinesische Variante des Mahayana – Buddhismus zu Hause war, gilt der Vegetarismus als buddhistisches Ideal. Trotzdem ist es buddhistischen Priestern in Japan seit 1872 erlaubt, Fleisch zu verzehren. Dies mag im ersten Moment so klingen, als wollte die Regierung den Priestern das Leben etwas angenehmer gestalten, ihre Absicht war es jedoch sie in den Augen der Gesellschaft zu profanisieren und ihr Ansehen weiter zu schädigen.[15]

In Tibet war ein vollkommener Verzicht auf Fleisch aus klimatischer und geographischer Sicht undenkbar. Obwohl der tibetische Buddhismus die Normen des Mahāyāna – Buddhismus vertritt, gehörte Fleisch hier stets zu den herkömmlichen Lebensmitteln. Damit ihnen der Fleischkonsum nicht zum Verhängnis wird, führen Mönche die Fleisch verzehren Rituale aus um für eine Wiedergeburt der Tiere zu sorgen. An buddhistischen Feiertagen war im vorkommunistischen Tibet das Schlachten von Tieren verboten und Laien nahmen an diesen Tagen oftmals gar kein Fleisch zu sich. Im Theravada – Buddhismus sagt man, dass die Tötung kleiner Tiere weniger schädlich sei, als die eines großen; in Tibet hingegen meint man, es sei besser ein großes Tier zu essen, weil auf diese Weise nur eine Lebewesen geschlachtet werden muss, um mehrere Menschen zu ernähren. Die jeweiligen Bevorzugungen sind aber nicht immer religiös begründet, auch Unterschiede der örtlichen Tierwelt spielen eine große Rolle. Weiterhin ist der Beruf als Schlachter in Tibet meist mit schlechtem Ansehen verbunden und es ist nicht erstrebenswert Tiere auf eine blutige Art und Weise zu töten. Bevorzugt wird das Ersticken des Tieres.[16]

---

[13] Ebd. S. 477
[14] Freiberger/Kleine: Buddhismus, S. 479.
[15] Ebd. S. 480
[16] Ebd.

4. Fleischtabus

Die Tabuisierung von bestimmten Fleischsorten, ist ein weiterer Punkt, der für die Problematik des Fleischverzehrs erwähnt werden muss. So ist es Mönchen verboten rohes Fleisch anzunehmen, wahrscheinlich weil sie ihr Essen nicht selbst zubereiten dürfen und man annimmt der Verzehr von rohem Fleisch entspricht dem Gebaren der Dämonen. Ausnahmen bilden Krankheiten, hier wird die Einnahme rohen Fleisches und frischen Blutes als Heilmittel zugelassen. Komplett verboten ist allerdings der Verzehr von Menschenfleisch. Folglich werden den Mönchen, im Anschluss an das Verbot von Menschenfleisch im Vinaya, auch andere Fleischarten verboten. Zuerst sei hier das Elefanten- und Pferdefleisch erwähnt. Bei diesen Tieren handelt es sich um Tiere, die meist dem König gehören und dessen Verzehr zu Auseinandersetzungen mit diesem führen könnte. Auch Hundefleisch ist verboten, da dieses Fleisch zum Beispiel in Indien als sehr unrein angesehen ist. Das Fleisch eines Hundes verzehren nur niedere Gruppen. Somit würde der Konsum von Hundefleisch dem Mönch in seinem sozialen Ansehen schaden. Ähnlich argumentiert wird auch bei Schlangenfleisch. Primär steht hier allerdings die Verwandtschaft mit den Nāgas, mythische Schlangenwesen, diese befürworten den Verzehr von Schlangenfleisch nicht. Da die Buddhisten die Nāgas verehren und zugleich fürchten, kommen sie dem Verbot des Verzehrs von Schlangenfleisch nach. Auch Raubtierfleisch ist verboten, dieses Verbot wird mit der Gefährlichkeit begründet. Hier fürchtet man jedoch die Artgenossen. Isst ein Mönch zum Beispiel Tigerfleisch, könnten andere Tiger dieses riechen und ihn angreifen.[17]

Es gibt allerdings zwischen den Vinayas der unterschiedlichen Schulen erhebliche Unterschiede. So fehlt im Vinaya der Mulasarvāstivādins das Verbot von Hundefleisch, weiterhin wird hier, außer Menschenfleisch, keine Fleischart verboten. Eindeutig verboten hingegen ist im Vinaya der Mahāsānghikas der Verzehr von Schweinefleisch.[18] Der Verzehr des Hausschweines wird schon in älteren Dharma – Texten untersagt. Allerdings bezeugen die frühbuddhistischen Texte für die ältere Zeit, nicht nur den Verzehr von Rind- sondern auch von Schweinefleisch. Somit ist keine Abneigung breiter Kreise zu erkennen.[19]

5. Gesellschaftliche Auswirkungen

In Sri Lanka und in den südostasiatischen Ländern, in denen der Buddhismus die dominante Religion ist, hat sich die Situation nicht gewandelt. Die buddhistischen Laien folgen einem

---

[17] Schmithausen: Essen ohne zu töten, S. 163 f.
[18] Ebd. S. 165 f.
[19] Ebd. S. 167

Muster, welches als abgeschwächtes Bild, als das für die Mönche geltenden Regeln verstanden werden kann. Es bereitet ihnen grundsätzlich keine Sorgen Fleisch oder Fisch zu essen, solange sie das Tier nicht selbst töten müssen. „Die Konsequenz, mit der diese Regel eingehalten wird, schwankt allerdings von Land zu Land, von einer sozialen Gruppe zur anderen und natürlich auch von Individuum zu Individuum erheblich"[20]. Ein buddhistischer Laie wird immer darum bemüht sein, sein Fleisch auf dem Markt oder in einem Laden zu kaufen, da die Tiere in diesem Fall nicht für ihn persönlich geschlachtet worden sind. Das schlechte Karma des Tötens, trifft somit nicht ihn.[21]

Weiterhin wird in den meisten buddhistischen Ländern das Schlachten von Tieren außerhalb der buddhistischen Gesellschaft vollbracht. Es bleibt zu sagen, dass in der buddhistischen Gesellschaft grundsätzlich wenig Fleisch gegessen wurde. Unbedenklich waren in erster Linie Fisch, Ziegen und Hühnerfleisch. Schweinefleisch und vor allem Rindfleisch wurden stattdessen – vor allem in der neueren Zeit – von den Buddhisten gemieden. [22]

6. Buddhismus in der Gegenwart

Auch aktuell wird das Thema Vegetarismus im Buddhimus heiß diskutiert. Ein Beispiel welches dies sehr gut veranschaulicht, ist der malaysische Mönch Piyasīlo, der dieser Debatte eine eigene Broschüre widmete: *The Nearer the bone, the Sweeter the Meat? Buddhism and the Meatless Diet*. In dieser vertritt der Mönch den Ovo-Lakto-Vegetarismus.[23] Es erscheint ihm nicht nötig, allein auf den Wortlaut der kanonischen Texte zu bauen, da diese erst Jahrhunderte nach dem Tode Buddha entstanden und warnt weiterhin davor den Pali Kanon zu ernst zu nehmen.[24] Der Buddhismus ist laut Piyasilo keine „Buchreligion", vielmehr eine Religion der existentiellen Erfahrung. Bei dem Verstehen der kanonischen Stellen ist es wichtig, deren Geist zu erfassen. [25]Darum rät er, statt Textgläubigkeit, Ernst zu machen mit der Spiritualität des Mitleids und des Respektes vor dem Leben.[26] In Anbetracht dessen, ist eine Sympathie gegenüber der Meinung der den Fleischverzehr ablehnenden Mahāyānasūtras,

---

[20] Schmithausen: Essen ohne zu töten, S. 172.
[21] Ebd.
[22] Ebd.
[23] Piyasīlo: The Nearer the bone, the Sweeter the Meat? Buddhism and the Meatless Diet. In: The Neo Buddhist Series No. 7. Petaling Jaya Malaysia 1989. S. 25; 44-48.
[24] Ebd. S. 3-6
[25] Ebd. S. 8
[26] Ebd. S. 2; 26

deutlich zu erkennen. Piyasīlo bemüht sich zu beweisen, dass Buddha selbst kein Fleisch gegessen hat. Diese Behauptung werde im Pāli – Kanon nicht ausdrücklich festgestellt.[27] Darüber hinaus ist es ihm ein Anliegen die vegetarische Ernährung auch ohne religiöse Gründe anzupreisen, indem er zum Beispiel erklärt, dass der Mensch ursprünglich ein Pflanzenfresser gewesen ist oder der Verzehr von Fleisch mit gesundheitlichen Risiken verbunden ist.[28]

Weiterhin wird in der Diskussion um den Fleischverzehr im Buddhismus des Öfteren das „Verwandschaftsagrument" gebraucht, welches den Konsum von Fleisch als eine Art Kanibalismus erscheinen lässt. Auch die Brutalitäten moderner Massentierhaltung werden gegenwärtig als Grund für den Fleischverzicht im Buddhismus angeführt. Neben diesen ethischen Begründungen, findet sich aber auch eine spirituelle: „Fleischverzehr verhindert das Erreichen der höheren Stufen der spirituellen Vervollkommnung, weil es die niederen Triebe anregt und innere Unruhe verursacht."[29] Dieser Argumentation zu Folge, wären die Erlaubnis Fleisch und Fisch anzunehmen, wenn es dreifach rein ist und die Anweisung bestimmtes Fleisch vom Verzehr auszuschließen, Verfälschungen der Lehren Buddha.[30]

7. Fazit

Es zeigt sich, dass man um ein Zugeständnis, auch aus rein subjektiver Sicht, nicht herum kommt: Viele Fakten sprechen dafür, dass im älteren Buddhismus kein grundsätzliches Bedenken gegen den Fleischverzehr bestand. Weiterhin gibt es keine konkreten Hinweise die auf eine konsequent vegetarische Ernährung des Buddha selbst schließen lassen. Da die Entwicklungsgeschichte der kanonischen Texte im Einzelnen oft unklar ist, kann jedoch nichts explizit ausgeschlossen werden. Dennoch erscheint es greifbar, dass zwischen Fleisch und pflanzlicher Nahrung zunächst kein großer Unterschied gemacht wurde.[31] „Bezeichnend ist, daß eine konsequente Meidung von Fleisch und Fisch (wie bei Devadatta) zunächst nur asketisch, nicht ethisch motiviert war."[32] Dies soll jedoch nicht bedeuten, dass heutige Buddhisten sich von diesen Wahrscheinlichkeiten daran hindern lassen sollen, für eine auf Fleisch und Fisch verzichtende Lebensweise einzutreten. Man kann sich angesichts der starken Veränderungen im gesellschaftlichen Sektor, der Tierhaltung und der ökologischen

---

[27] Piyasīlo Piyasīlo: The Nearer the bone, the Sweeter the Meat? Buddhism and the Meatless Diet. S. 29.
[28] Ebd. S. 19
[29] Schmithausen: Essen ohne zu töten, S. 199.
[30] Ebd. S. 200
[31] Ebd. S. 201
[32] Ebd. S. 202

Situation, vom Geist der buddhistischen Ethik und somit zum Fleischverzicht angehalten, fühlen.[33]

Literaturverzeichnis:

Oliver Freiberger und Christoph Kleine: Buddhismus. Handbuch und kritische Einführung. Göttingen 2011.

Piyasīlo: The Nearer the bone, the Sweeter the Meat? Buddhism and the Meatless Diet. In: The Neo Buddhist Series No. 7. Petaling Jaya Malaysia 1989

Lambert Schmithausen: Essen ohne zu töten. Zur Frage von Fleischverzehr und Vegetarismus im Buddhismus. In: Die Religionen und das Essen, hrsg. Von Perry Schmidt-Leukel. München 2000.

---

[33] Schmithausen: Essen ohne zu töten. S. 202